Couverture inférieure manquante

L'EMPLOYÉ AUX ÉTATS-UNIS

Rapport au Gouvernement Français

Par Raoul FAUCONNET

Membre de la Délégation Ouvrière

ROUEN

DE L'IMPRIMERIE CAGNIARD

1894

Exposition internationale de Chicago

L'EMPLOYÉ AUX ÉTATS-UNIS

Rapport au Gouvernement Français

Par Raoul FAUCONNET

Membre de la Délégation Ouvrière

ROUEN

DE L'IMPRIMERIE CAGNIARD

1894

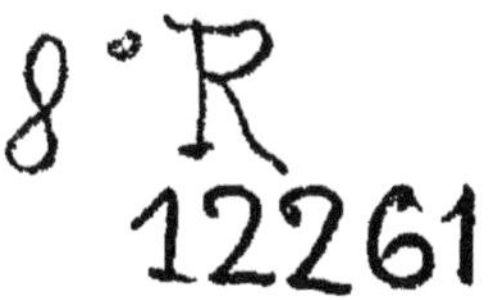

Avant de tracer les premières lignes de ce rapport sur la mission dont nous avons été chargé, nous tenons à exprimer ici toute notre reconnaissance aux personnes qui, en nous apportant le secours de leur expérience et en nous fournissant les renseignements qui nous étaient nécessaires nous ont si puissamment aidé dans notre entreprise.

Mais, d'abord, en quoi consistait notre mission ?

Sans qu'elle nous ait été autrement définie, nous avons compris, d'après la teneur de la lettre de M. le Commissaire général à l'Exposition de Chicago nous informant que notre candidature était acceptée, que, par cette phrase : « *Le but de votre mission est* « *d'étudier les questions concernant votre industrie,* « *la condition des ouvriers américains de votre* « *profession, et enfin, dans la mesure du possible,* « *les questions commerciales....* », qu'étant *employé* nous devions entendre que notre rôle serait surtout de nous renseigner sur la situation actuelle, au point de vue individuel et au point de vue social, de l'*employé américain.*

Aucune indication ne nous ayant été fournie par aucun agent officiel du Gouvernement Français dans aucune des villes visitées, ni même à l'Exposition, ce qui, nous l'avouons, nous causa quelque désappointement, le résultat de notre voyage eût probablement été nul, du moins quant à son but principal, si nous n'avions rencontré en Amérique des hommes bienveillants et éclairés qui se sont efforcés de nous rendre plus aisée la tâche, en nous fournissant les éléments indispensables pour l'accomplir.

Parmi ces personnes, nous éprouvons un véritable plaisir à citer :

A New-York

M. Samuel Gompers, président de la Fédération Américaine du Travail ; M. A.-F. Blanck, libraire français ; M. Daniel de Léon, rédacteur en chef au journal « *People* ».

A Chicago

M. Ed.-E. Mallory, secrétaire de l'Association des Employés de Détail des États-Unis.

A Boston

M. Braggiotti, l'un des directeurs de l'importante maison Jordan, Marsh and Coy.

A Providence

M. Joseph P. Choquet, comptable dans une banque française.

Qu'il nous soit permis de leur donner, en signalant leurs noms au Gouvernement qui nous a envoyé, un faible témoignage de notre profonde et sincère gratitude.

Grâce à ces hommes, si bien placés tous pour nous procurer de sûres indications, nous avons pu nous faire, sur la situation actuelle aux États-Unis de la classe de travailleurs à laquelle nous appartenons, une opinion assez précise que nous allons nous efforcer d'exposer par ce qui suit.

Rouen, fin février 1894.

R. F.

AVANT-PROPOS

En Amérique, comme partout, la classe des employés se divise en deux branches principales : l'*Employé aux écritures* et l'*Employé de magasin*, lesquelles se subdivisent elles-mêmes en sections dont l'énumération est inutile ici.

Nous dirons seulement, pour la plus parfaite intelligence de notre travail, que, par *Employés aux écritures*, nous comprenons les comptables, les caissiers, les teneurs de livres, les expéditionnaires, les clercs de notaires, d'avoués, d'huissiers, d'avocats, les commis de banques, de téléphones, etc., etc., bref, tous ceux qui n'effectuent aucun travail manuel, et, par *Employés de magasins*, au contraire, tous ceux qui, peu ou beaucoup, sont appelés à manutentionner, à *toucher* des marchandises : acheteurs, vendeurs de tissus, de denrées quelconques, commis de confection, etc., etc.

Si nous ne les englobons pas dans la simple dénomination *employés*, c'est qu'il est parfois, pour chacune des deux branches de cette classe, des besoins spéciaux, des conditions particulières, qui ont amené des différences sensibles, principalement, ainsi qu'on le verra dans la suite, en ce qui concerne leur organisation sociale.

Enfin, pour coordonner notre étude avec quelque logique et en déduire les conclusions qu'elle comporte en les faisant découler de l'exposé des faits, nous avons cru devoir la partager en plusieurs chapitres que nous demandons de présenter dans l'ordre ci-après :

CHAPITRE Ier

§ I. — AU TRAVAIL.

La classe de l'*Employé*, nous nous hâtons de le dire, ne présente aux États-Unis que de rares exemples de ces situations précaires, malheureuses, que nous constatons si souvent et avec tant de peine dans notre pays.

Cela tient à ce que, aux États-Unis, la profession d'*Employé*, sans être décriée, n'est pas recherchée aussi inconsidérément qu'en France.

Là-bas tout le monde travaille. Plume ou marteau, il n'importe. L'estime pour le prolétaire gagnant sa vie à écrire, à calculer, à vendre, est la même, ni plus ni moins, que pour celui dont un labeur manuel assure l'existence. A peine fait-on une différence entre l'artisan et l'ouvrier de l'intelligence, entre le maçon, le peintre, le tailleur et l'avocat, le journaliste, le professeur ou le médecin ; à fortiori, ils ne sauraient percevoir la nuance qui chez nous existe entre ce que nous appelons l'*Ouvrier* tout court et l'*Employé*.

Salariés tous les deux, tous deux concourent par leurs efforts à un même but : l'accroissement de leur bien-être personnel, d'où découlent le développement de la force et de la richesse nationales.

Cette absence de distinction entre les deux classes de travailleurs — si absolue qu'il n'existe même pas entre elles de différence de costume — a pour beaucoup contribué, croyons-nous, à restreindre le nombre de ceux qui embrassent la profession d'employé et à le maintenir à un chiffre sensiblement équivalent à celui des emplois disponibles, de sorte que, l'offre n'excédant pas la demande, le salaire n'est pas déprécié, mais tend au contraire à s'accroître, concurremment avec l'élévation de prix des denrées.

Quel est ce salaire ?

§ II. — LE SALAIRE.

Pas plus que chez nous il n'existe de tarifs. Selon les localités, c'est-à-dire suivant logiquement le coût de l'existence, l'employé est rémunéré d'après la somme de travail ou la responsabilité qui lui incombent.

De même qu'en France un comptable est plus payé à Paris que dans une petite ville de province, il gagne davantage à New-York ou à Chicago qu'à X... city : Homestead ou Buffalo.

D'un travail de recomposition auquel nous nous sommes livré et qui condense les renseignements que nous avons pu obtenir, nous extrayons le tableau ci-après (page 11) qui, sommairement, donnera une idée de ce que sont les appointements des employés américains.

Par ce tableau, en tenant compte que les hauts emplois ne sont que l'accident, l'exception, on voit

	NEW-YORK	CHICAGO	BOSTON	PROVIDENCE	OBSERVATIONS
Appointements annuels d'un jeune homme qui débute, soit aux écritures, soit au magasin, dans une maison de commerce............	900 fr.	900 fr.	840 fr.	?	
Appointements annuels d'un débutant dans une banque..............................	très variables	très variables	très variables	très variables	*En général, les débutants dans les banques, ne sont pas payés, parce que ce sont des fils de commerçants, qui entrent seulement pour apprendre à connaître les opérations de bourse.*
Appointements moyens annuels d'un homme de 18 à 30 ans, remplissant un emploi ordinaire dans une maison de commerce ou une banque..............................	3 à 4.000 fr.	3 à 4.000 fr.	env. 3.000 fr.	env. 3.000 fr.	
Appointements d'un comptable :					
dans une maison de commerce ordinaire....	6.000 fr.	6.000 fr.	env. 5.000 fr.	env. 5.000 fr.	
dans une maison importante, forte banque, grand établissement, etc..................	6, 12. 18 et jusqu'à 25.000 fr.	6, 12, 18 et jusqu'à 25.000 fr.	6 à 10.000 fr.	5 à 10.000 fr.	*Le chef comptable de la maison Tiffany and Coy, joailliers, a, par an, 25.000 francs d'appointements.*
Appointements d'un caissier :					
dans une maison de commerce ordinaire....	env^{on} 5.000 fr.	env^{on} 5.000 fr.	4 à 5.000 fr.	4 à 5.000 fr.	
dans une maison de commerce importante...	6 à 12.000 fr.	?	6 à 12.000 fr.	6 à 12.000 fr.	
dans une banque, un grand établissement....	10 à 25.000 fr.	?	?	?	
Appointements d'un type-writer.............	min^{m} 4.000 fr.	min^{m} 3.000 fr.	min^{m} 4.000 fr.	min^{m} 3.000 fr.	

que la moyenne du salaire, prise dans la cote des emplois ordinaires, occupés par des hommes d'aptitudes également moyennes, est de 3 à 4.000 francs par an.

Justement parce que les situations supérieures ne sont qu'exceptionnelles nous n'avons pas cité les émoluments des employés de magasin occupant les postes élevés. Comme leurs attributions, leurs gages varient beaucoup ; nous pouvons dire seulement qu'entre un vendeur ordinaire et un chef de rayon, un chef de service et un chef de maison, l'échelle des appointements s'établit en suivant à peu près la même progression que pour les emplois supérieurs de bureau.

§ III. — LE TYPE-WRITER.

Avant de passer à un autre ordre d'idées nous croyons utile de dire quelques mots du « type-writer ».

Comme son nom l'indique, le type-writer est l'écrivain à la machine.

Cette sorte d'emploi, très peu répandue chez nous, existe, au contraire, partout aux États-Unis, dans les bureaux de banques, de chemins de fer, comme dans les maisons de commerce, chez le notaire comme chez l'avocat et dans les hôtels même.

Pour être type-writer, il faut deux choses, posséder deux qualités essentielles : savoir écrire très promptement à l'aide d'une machine et connaître à fond la sténographie, car le travail consiste à recevoir du patron ou du chef la dictée de la correspondance pour, ensuite, la transcrire au moyen de l'appareil.

Cette occupation, très bien rémunérée, est presque exclusivement réservée aux femmes.

Il n'y a pas, à proprement parler, d'appointements de début, car, nous le répétons, pour obtenir un poste de type-writer, il faut réaliser deux conditions : savoir écrire à la machine et être sténographe ; or, si la sténographie admet le mieux et le plus, elle a un minimum absolu : l'on ne peut se dire sténographe que le jour où l'on est capable d'écrire aussi vite que l'on parle. Jusque-là, inutile de briguer la faveur d'un emploi vacant.

Lorsque l'on est parvenu au degré d'aptitude nécessaire, on peut chercher à se caser, et alors, selon que l'on entre dans un hôtel, chez un marchand de drap ou chez un avocat, les appointements varient, ainsi que pour tout travail, suivant la difficulté de la tâche ou la responsabilité à encourir.

A Boston, les type-writers de maisons du genre et de l'importance du *Louvre* ou du *Printemps*, à Paris, gagnent environ 5,000 francs. Là, ils ont peu de responsabilité mais beaucoup de besogne.

Dans les hôtels, c'est le plus ou moins de fréquentation qui décide des appointements. Nous avons vu dans un hôtel deux types-writers qui avaient peine à effectuer toute la correspondance que leur avaient dictée les voyageurs ; mais il paraît que c'était exceptionnel ; en tous cas, ils avaient pour ce travail 60 fr. par semaine, soit environ 3,000 francs par an, sans compter la nourriture et les gains casuels que leur rapportait leur emploi.

Les type-writers des avocats sont les mieux payés. Il y a, nous a-t-on dit, des maîtres du barreau dont les offices sont très recherchés qui, ne pouvant suffire à la besogne dont ils sont accablés, dictent en hâte leurs plaidoyers à leurs secrétaires. Ceux-ci complètent les citations, corrigent les lapsus, etc. Ces type-writers arrivent à obtenir 12 à 14,000 francs par an. On nous a même affirmé qu'il y en avait dont les émoluments s'élevaient jusqu'à 18,000 francs ; mais c'est là leur bâton de maréchal.

Le tableau qui précède montre que le genre d'emploi dont nous nous occupons, contrairement aux autres, est moins bien rémunéré à Chicago que dans les autres villes de même importance.

Si nous nous arrêtons à cette particularité, c'est qu'elle nous fournit une nouvelle preuve de l'influence néfaste que l'excès de l'offre sur la demande produit sur le taux des salaires.

Il paraît, en effet, qu'à Chicago, la plupart des jeunes employés, constatant les avantages pécuniaires que procure la connaissance de la sténographie, se mirent à l'envi, il y a quelques années, à étudier cet art, puis, chacun voulut occuper, de préférence à tout autre, un emploi de type-writer. Le résultat ne se fit pas attendre, et le même poste qui, autrefois, valait de 4 à 6,000 francs par an, rapporte maintenant 1,000 et 2,000 francs de moins à son titulaire !

§ IV. — LA DURÉE DU TRAVAIL

On répète communément en France qu'entre autres avantages sur le salariat français, le salariat américain a celui de travailler quotidiennement moins longtemps.

Cela peut être vrai pour certains commerces, pour certaines industries.

Sans trop sortir de notre cadre, nous dirons qu'il nous souvient qu'un règlement affiché dans les « silver works » de la Gorham Manufacturing Coy stipule que les ouvriers occupés dans ces établissements ne doivent travailler que dix heures chacun des cinq premiers jours de la semaine, et seulement neuf heures le samedi, et cela durant dix mois. En juillet et en août le sixième jour est réduit à cinq heures, ce qui n'empêche que, toute l'année, on leur paie soixante heures par semaine; mais, c'est là, croyons-nous, une exception.

Dans les ateliers de The Carnegie Steel Coy, situés à Homestead, près de Pittsburg, les ouvriers sont organisés en équipes qui font alternativement onze et treize heures par jour.

Nous ne connaissons pas d'une manière certaine la moyenne de la durée de travail de l'ouvrier français de cette catégorie, mais nous ne le croyons pas sous ce rapport plus malheureux que le yankee.

Pour ne nous occuper que de l'*employé*, et en première ligne, de l'*employé de magasin*, parce que c'est le moins bien partagé, nous dirons d'abord que les chefs des grandes maisons de commerce que nous avons questionnés nous ont affirmé que la majorité des vendeurs ou commis de rayons n'étaient pas tenus plus de neuf à dix heures par jour, ces dix heures se répartissant de huit heures du matin à midi, et de une heure à sept heures du soir, ou encore, de neuf heures du matin à midi, de une heure à six heures et de sept à neuf heures du soir.

Pour être sincère, nous avouons aussi n'avoir vu qu'à New-York et à Chicago quelques magasins ouverts jusqu'à neuf et dix heures du soir, encore était-ce rare.

Pourtant, nous lisons dans la déclaration de principes qui précède les statuts de « The Retail Clerks' National Protective Association », fondée en 1890, cette phrase :

« Nous dénonçons spécialement l'esclavage auquel « sont soumis nos camarades employés, lesquels sont « obligés de travailler *14 et 16 heures* par jour pour « faire ce qui pourrait être accompli en dix heures. — « Nous lutterons jusqu'à ce que cet abus inhumain « soit aboli. — Nous induirons la foule à la sage habi- « tude d'effectuer ses achats pendant les heures de « jour. » (1)

(1) « We especially denounce the system of slavery perpetrated upon our fellow-clerks by being compelled to labor *fourteen* and *sixteen* hours daily to accomplish that which could be done in ten and we will work unceasingly until this inhuman and unnecessary evil is remedied. To educate the masses to daylight purchasing shall be our chief aim. »

Où est la vérité ?

Il nous est impossible de nous prononcer, car nous ne sommes-nous pas allés partout. « Nous ne pouvons que répéter ceci : dans les villes que nous avons visitées, jamais nous n'avons vu de magasin ouvert après dix heures du soir ; ceux-ci formaient l'exception ; et, en tenant compte qu'ils ne commencent pas avant huit heures du matin, on ne peut arriver, même en comprenant le temps consacré aux repas, à trouver seize heures. Ce chiffre doit donc être exagéré, et notre respect de la vérité nous oblige à déclarer que *dix heures de travail effectif* nous ont paru être la moyenne courante.

Sans dire — ce qui serait contraire à notre opinion, — qu'un labeur de dix heures ne soit encore excessif, nous sommes forcé de constater, lorsque nous comparons cette durée de travail à celle imposée aux employés de magasin français que ceux-ci s'estimeraient heureux s'ils étaient seulement traités sur le même pied que leurs confrères d'Amérique.

Cette réflexion, avons-nous besoin de le dire ? ne vise pas les employés de Paris, car, sans avoir contrôlé le fait, nous sommes convaincu qu'eux non plus ne sont guère tenus plus de dix heures au magasin. En écrivant ce qui précède, nous pensions surtout à ceux que nous connaissons, à ceux de Rouen, par exemple, qui, dans la confection, travaillent onze et douze heures chaque jour ouvrable, et au moins toute la matinée dominicale, et dans d'autres genres de commerce, fournissent jusqu'à *treize et quatorze heures de tra-*

vail effectif, ceci au moins durant plusieurs mois de l'année !

L'*employé de bureau* est, aux États-Unis, incontestablement mieux partagé que son confrère du magasin.

Dans les compagnies, chemins de fer, banques, etc., il n'est guère tenu que cinq ou six heures, non compris, bien entendu, le temps des repas. Dans les maisons de commerce, lorsqu'il a travaillé huit heures, il a atteint le maximum que nous ayons rencontré.

En faisant cette constatation, notre pensée involontairement se reportait encore vers certains bureaux français que nous n'avons pas à citer ici, où l'employé, pris de huit heures du matin à minuit, n'a jamais un moment de loisir ni même un dimanche entier pour se reposer. Et nous songions à d'autres plus durs encore qui, pendant un long mois de l'année, offrent au noctambule attardé le spectacle étrange, incroyable, de comptables pâlissant sous la lumière du gaz jusqu'à trois et quatre heures du matin !

Notre conclusion de ce chapitre est donc que, pour l'*employé*, la durée du travail est moindre aux États-Unis qu'en France.

Et ce n'est pas son seul avantage.

§ V. — LES RAPPORTS ENTRE EMPLOYEUR ET EMPLOYÉ

Nous inscrivons d'abord cette attestation qui, partout, nous a été fournie, aussi bien par des patrons que par des employés, à savoir que, lorsque entre eux il y a séparation, elle provient, non des motifs qui, en France, trop souvent la déterminent, mais presque toujours de causes qui sont indépendantes de la volonté de l'une et de l'autre des parties.

Cet état des choses provient de l'état des mœurs.

Celles-ci ont leur raison d'être. Nous nous en sommes convaincu, mais nous n'avons pas à étudier ici d'où elles découlent; nous n'avons qu'à envisager ce qui, dans leurs conséquences, concerne l'*employé.*

Il nous faut répéter toutefois que l'absence de hiérarchie sociale, en nivelant les situations, évite la pléthore d'employés ; nous croyons l'avoir démontré.

Nous avons fait remarquer aussi que de l'équilibre entre l'offre et la demande dépend le maintien du salaire.

Il nous reste à dire que cet équilibre a eu sur les gages un autre effet non moins bon qui réside dans le système usité pour leur répartition.

En Amérique, en effet, on ne paie pas un employé, *on rétribue un emploi.* — Que vous soyez le fils ou l'ami d'un autre ami, voire d'un parent, que vous soyez recommandé par n'importe quel personnage, cela ne compte pas, — dans le commerce s'entend ; « Au pied du mur on juge le maçon ». Si vous prouvez que vous êtes apte à remplir convenablement un poste, on vous l'octroie avec les avantages qui y sont attachés. Si l'on apprécie que vous méritez mieux, on vous confie un emploi plus élevé, mais le taux, la cote de celui que vous occupiez ne varie pas (1).

L'un des avantages les plus appréciables de ce mode de rémunération qui, paraît-il, est absolument entré dans les mœurs, c'est que jamais un employé n'a à craindre que son patron ne le congédie pour le remplacer par un concurrent s'offrant à plus bas prix. L'un ne songe pas plus à se proposer que l'autre à accepter.

Voilà déjà une source d'animosité entre patron et employé anéantie.

Ensuite, l'employé, aux États-Unis, ne court presque jamais le risque d'être mis à pied pour quelqu'une de ces fautes légères qui, chez nous, ont souvent de si fatales conséquences.

Ce n'est pas que l'Américain soit plus bienveillant, plus indulgent que le Français, non, mais tout s'enchaîne. Là encore, nous retrouvons un nouveau bienfait de la balance entre l'offre et la demande.

Chez nous, le patron qui voit dix, vingt employés et plus se ruer à l'assaut d'une vacance, se fie à cet excès du nombre pour donner libre cours à son autocratie.

Nul besoin de se gêner. Il est le maître puisqu'il détient le pain, et il veut être obéi, quelque léonines soient ses fantaisies. Des pauvres hères qui crient famine, des travailleurs que le chômage, avec son cortège de misère et de désespoirs, force à accepter les

(1) Nous prions une fois encore de retenir que nous répétons ce qui nous a été affirmé, et que nous ne parlons que des généralités.

pires humiliations, il y en a plein les rues : il n'a qu'un mot à dire.

Qui murmure n'a qu'à se démettre.

Parfois, nous en convenons, on rencontre un patron intelligent qui cherche à s'attacher ses employés ; il a compris que ses intérêts n'ont qu'à y gagner, mais l'expérience nous a fourni la douloureuse preuve que celui-là n'était que l'exception.

Et cette tension dans les rapports entre l'employeur et l'employé français va logiquement toujours s'accentuant.

De son côté, l'employé ne se sentant plus soutenu, se voyant à la merci du caprice et de l'abitraire, machine dont on attend une somme de travail déterminée et que l'on repousse lorsqu'elle est usée, s'aigrit, s'enfielle peu à peu contre le maître, le capitaliste qu'il contribue à enrichir..... et qui, tout en maugréant, ne lui abandonne qu'une part dérisoire des bénéfices qu'il a tant aidé à acquérir, — comme aux chiens haletants, harassés par la chasse, on jette la curée.

Là-bas c'est tout autre.

Ce n'est pas qu'il y ait affection entre le chef et son personnel : le cœur n'entre pour rien dans les actes du yankee, mais il « sent » que lorsqu'il s'est assuré le concours d'un bon employé il a tout avantage à le conserver.

Il le considère comme un collaborateur ; l'un des meilleurs, des plus intelligents et des plus sûrs artisans de sa fortune, et il le traite comme tel.

Il passe généreusement (!) sur les peccadilles tout en

les faisant remarquer. Il est pénétré de cette vérité que chaque faute pardonnée lui crée un nouveau droit à la reconnaissance : c'est un lien de plus qui retient son employé.

D'autres raisons encore contribuent à assurer la stabilité de nos collègues d'outre-mer.

Le commerce n'ayant pas les mêmes bases que chez nous, s'appuyant non sur l'échange régulier de l'offre et de la demande des produits, mais sur quantité de manœuvres qui ne relèvent que de la spéculation, le patron, afin que ses habitudes, son système d'opérations ne soient pas dévoilés, conserve le plus longtemps qu'il peut des collaborateurs qui sont, forcément, au courant de son mode de traiter les affaires.

Et puis, ainsi que l'a écrit G. Deville, « *l'antagonisme des classes et leur guerre*, sous l'apparence desquels s'engage la lutte pour l'existence au sein des sociétés humaines, *ont leur solution dans les conditions matérielles mêmes qui les engendrent.* La dissolution de celles-ci fournit la solution de l'antagonisme qu'elles renferment, en dégageant les éléments de conditions différentes d'existence (1) ».

Rien n'est plus exact.

Chez nous, le capital, amassé souvent sou à sou, sort rarement des mains qui l'ont formé : c'est la force, il faut la conserver.

Et, détenu ainsi constamment par les mêmes per-

(1) G. Deville, *Philosophie du Socialisme*, 1886.

sonnes, dans les mêmes familles qui l'ont primitivement acquis, celles-ci finissent par n'en plus percevoir l'origine, s'imaginent vite que les jouissances dont elles bénéficient leurs sont légitimement dues et que les déshérités ne sont là que pour travailler à les intensifier. De là à abuser de ces prérogatives pour opprimer ceux qui les entretiennent il n'y a qu'un pas ; il est vite franchi.

Quoi d'étonnant peut avoir après cela la lutte fratricide à laquelle nous assistons entre ces deux classes d'individus : le capitaliste qui consomme et le prolétaire qui produit — sans consommer ?

Pour reprendre l'opinion de G. Deville, les conditions matérielles qui chez nous engendrent l'antagonisme allant se perpétuant, l'antagonisme ne-saurait cesser.

En vertu du même principe, l'acuité des rapports entre patrons et employés américains est moins accentuée, car un régime social différent du nôtre, permet chez eux à chacun l'espoir de voir se réaliser ses ambitions.

Cette passion du jeu qui, à notre sens, est le caractère distinctif du yankee, apporte dans son existence de perpétuels changements, des hauts et des bas continuels.

Pauvre, il travaille âprement, avec une persévérance, une tenacité que nous ne connaissons guère. Devient-il riche ? Il ne s'arrête pas, il veut être plus riche encore, et, pour donner à sa fièvre un aliment que ne saurait lui procurer la vente paisible d'un produit rapportant un gain modique mais sûr, il joue, il spécule. — Il réussit, parfois longtemps ; mais, inévitablement, survient la déveine, la chute, la débâcle : il a tout perdu, il est ruiné. Cette perspective ne le surprend ni ne l'abat. Patiemment il recommence, sans rancœur, tel l'enfant persistant à édifier, en dépit des lois de la statique, un invraisemblable château de cartes. On dirait qu'il dispose de l'éternité. Et, soyez-en convaincus, dès qu'il aura à nouveau acquis quelque argent, ce sera pour le risquer encore dans des opérations de plus en plus téméraires et hasardeuses.

Tel est millionnaire aujourd'hui qui sera décrotteur demain.

Ces brusques variations dans la condition sociale des individus adoucissent les dissensions entre capitalistes et prolétaires. La base économique de la situation des premiers étant instable, leur rôle social perd sa raison d'être, et, avec lui, tombent le principe de leur domination et cette déférence pour la richesse qui ravale l'ouvrier et l'employé français à une condition inférieure.

Pour nous résumer, tel est patron qui, un jour peut-être, sera heureux de servir son subordonné actuel. Il faut donc en tout état se ménager des amis.

Et voilà pourquoi on n'est nulle part, mieux qu'aux États-Unis, pénétré de cette vérité de notre La Fontaine :

. . . .

« On a souvent besoin d'un plus petit que soi. »

CHAPITRE II

CHEZ SOI

§ Ier. — LA NOURRITURE

Nous avons vu que la moyenne du salaire de l'employé américain est de 3 à 4,000 francs par an.

A quelles charges, avec cette somme, doit-il faire face ?

A la nourriture d'abord.

Chacun sait qu'elle est moins onéreuse aux États-Unis qu'en France. C'est une vérité tellement connue qu'on nous dispensera de citer des chiffres pour l'appuyer (1).

Nous croyons donc pouvoir, par cela même, nous dispenser d'envisager la question.

Comme partout, cette dépense, dans un ménage, varie suivant le nombre de bouches à satisfaire. De même elle est plus importante pour le chef de famille

(1) Nous renvoyons les personnes qui désireraient des détails au Rapport présenté à la Chambre de commerce de Lyon par MM. Anthelme Simond et Naudot, délégués pour le tissage de la soie. — Les données qu'ils fournissent sont d'une exactitude rigoureuse.

que pour le célibataire. — Un plus long énoncé de semblables propositions friserait la naïveté.

Retenons seulement ceci : que la nourriture est moins coûteuse pour l'Américain que pour le Français, et notons cet avantage à son actif.

§ II. — LE LOGEMENT

A Philadelphie on nous a affirmé qu'un ménage d'employé, composé du père, de la mère et de deux enfants, se logeait pour 7 à 800 francs par an.

A Pittsburg également.

A Chicago comme à New-York les logements sont de prix plus élevés. Le ménage que nous prenons comme type serait obligé d'y consacrer près d'un millier de francs, mais, dans ces villes, la grande majorité des employés habite la banlieue, surtout ceux qui ne disposent que de ressources modestes. On prend le « *tram* » deux fois par jour à l'aller et au retour, on lunche dans un restaurant ou dans un bar quelconque à peu de frais, et tout est dit.

Son habitation n'a ni tentures ni doubles rideaux, ni gravures, ni tableaux, ni aucun de ces menus bibelots qui font notre joie et l'attrait de notre foyer, lorsque nous pouvons nous les offrir ; cela est vrai, mais, chaque pièce est bien aérée, partout sont étendus des tapis, partout l'eau, le gaz, l'électricité sont abondamment distribués. Elle regagne donc largement en hygiène et en confort pratique ce qu'elle perd en agréments futiles.

Ordinairement le célibataire, lui, prend pension, c'est-à-dire qu'il est nourri et logé dans des établissements *ad hoc* pour une somme relativement modique.

Conclusion : si le logement est pour l'Américain plus coûteux que pour le Français, cela n'empêche, étant donné que ses appointements sont plus élevés et qu'il jouit d'un confort supérieur, que, de ce côté encore, il se trouve dans de meilleures conditions.

Inscrivons donc à son bénéfice ce nouveau point : le logement.

§ III. — L'ENTRETIEN

Nous lui en accorderions presque un autre : le vêtement.

Le vêtement, en effet, ne lui coûte guère plus de moitié plus cher qu'à nous. Le même veston coté ici 50 francs vaudrait à New-York 75 francs. La chaussure, à prix égal, est identique comme qualité à celle vendue en France.

Ces trois éléments principaux, ces trois besoins primordiaux de l'existence matérielle étant ainsi assurés, à tout prendre, à meilleur compte que chez nous, puisque le salaire s'élève au double, faut-il en déduire que l'employé américain soit plus heureux que l'employé français ?

Ce serait aller trop vite en conclusion.

D'abord, parce que, en dehors de la nourriture, du logement et du vêtement, il existe d'autres frais de second ordre qui, pour être moins importants que les premiers, sont, par suite de l'habitude acquise, tout aussi impérieux et sont beaucoup plus nombreux.

C'est le théâtre, l'église même, — nous dirions presque l'église surtout, — car si les citoyens des États-Unis n'ont pas à payer d'impôt légal sous la rubrique « budget des cultes », nul peuple ne fait plus de sacrifices pour la religion. Industrie privée, ceux qui la détiennent en profitent pour exploiter les « consommateurs ».

Puis, c'est la maladie avec ses corollaires, les notes du pharmacien et les honoraires du médecin. Puis le bar, les tramways, les journaux, etc., etc., bref, mille menues dépenses qui ont tôt fait d'absorber ce qui restait du gain de l'employé.

Une autre raison, provenant, elle aussi, du régime social, contribue puissamment à ce que, avec un salaire double de celui de l'employé français, l'américain ne jouisse guère d'une existence plus tranquille.

Cette raison c'est qu'aux États-Unis la femme *mariée* ne travaille pas.

Les avantages sociaux de ce système sont incontestables, mais nous n'avons pas à les faire valoir ici. Sans chercher à les amoindrir, nous constatons que cette coutume a pour effet de faire supporter au mari, au chef de famille seul, la responsabilité, la charge du foyer.

Parfois le père trouve un secours dans le travail de ses enfants, mais ce n'est que de très faible durée, car on se marie tôt en Amérique, et ce soulagement accidentel n'est pas appréciable.

Le salaire du chef est donc la seule garantie de l'existence matérielle de la famille.

Que cette source de produit vienne à manquer et non seulement c'est le désarroi, la gêne dans le budget familial mais souvent pis que cela encore; le fond du caractère yankee, l'individualisme, — désignation trop euphémique de l'égoïsme — se révèle alors dans toute son intensité.

La femme, l'associée, car elle n'est que cela, non seulement ne supporte pas la gêne avec ce stoïcisme admirable des épouses de France qui, elles, puisent dans leur cœur les consolations qui réveillent le courage abattu et raniment l'espoir éteint, la femme américaine n'admet même pas la médiocrité. Le jour où celle-ci apparaît dans le ménage c'en est fait de l'union, de la paix du foyer : c'est la discorde ou le divorce, plus souvent ce dernier.

La femme retourne chez les siens, reprend sa liberté, et, après n'avoir pas consenti à travailler pour aider au maintien du ménage, elle travaille pour son propre compte et son unique profit.

Le mari, lui, ennuyé mais non découragé, se met à la recherche d'une autre situation. S'il ne la trouve pas dans l'endroit où il habite, il partira sans regrets, entrera de nouveau dans une banque ou dans une maison de commerce ou même acceptera une occupation toute différente, peu lui importe, pourvu que son travail lui assure l'existence quotidienne et lui permette l'édification de nouveaux et tout aussi incertains projets d'avenir.

Et que faut-il à l'employé pour perdre son emploi ? Peu de chose, en vérité.

Car, s'il ne dépend pas comme chez nous du caprice patronal, s'il n'a pas à craindre d'être congédié pour un collègue moins exigeant, il est plus que chez nous à la merci des événements. Son pain est intimement lié à la fortune de son patron.

Compagnie, banque, chemin de fer, industriel, commerçant, quel que soit l'employeur, tant que l'affaire marche l'employé peut être tranquille, mais, vienne la débâcle, le naufrage, — et cela vient, un jour, inévitablement — et tout est anéanti. « *Adieu veau, vache, cochon, couvée* » ; il n'y a plus qu'à se mettre par ailleurs à la recherche du pain quotidien.

Se connaissant mieux soi-même que n'importe quel autre peuple, l'Américain n'est pas sans avoir compris le danger de telles mœurs, mais il ne l'a envisagé que dans l'une de ses manifestations. Il s'est dit que, ne pouvant espérer amasser pour laisser aux siens la sécurité après sa mort il était sage de se précautionner pour l'aléa. Voilà pourquoi chez eux tout le monde ou presque est assuré sur la vie.

Cela est bien pour permettre à la famille de faire face, en cas de décès du chef, aux nécessités du foyer, mais, pour la perte de l'emploi et en prévision de la dissension qui en naît, nous n'avons recueilli aucun indice nous autorisant à supposer qu'ils se soient également prémunis.

§ IV. — LA FAMILLE DE L'EMPLOYÉ

Décrire l'existence intime d'une famille en Amérique, c'est les résumer toutes, car, à part les nuances en plus ou moins, provenant des moyens pécuniaires dont chacune dispose, la vie d'une famille d'ouvriers, celle de l'employé comme celle de son patron, sont identiques.

Dans nos pays d'Europe, les familles riches ont un genre de vie propre, différent — oh, combien ! — de l'existence du prolétaire.

Les premières s'offrent un luxe dont le besoin provient, en général, de l'habitude acquise dès le jeune âge. Rares sont les parvenus qui peuvent se mettre au « ton » de l'élégance et du bon goût.

En Amérique, la raison que maintes fois déjà nous avons invoquée comme cause initiale des mœurs, cette raison qui résulte des variations fréquentes dans la situation de chacun et qui a pour conséquence le nivellement social, l'égalité de considération, permet en outre à tous de recevoir et de donner aux siens une éducation uniforme d'où naissent des goûts identiques et un même genre de vie. Ainsi que nous le disions plus haut, il n'y a et il ne peut y avoir d'autre différence que celle du plus au moins.

Et, pour qui fait l'étude des moyennes, l'*employé*, par sa position en quelque sorte médiane entre le capitaliste et l'ouvrier, entre le riche et le pauvre, fournit le type le mieux approprié.

Nous serons bref. Des ouvrages nombreux ont depuis longtemps éclairé qui l'a voulu sur l'existence familiale de l'Américain, considérée sous ces trois formes qui composent toute la trilogie, les trois chants de l'éternel poème : la naissance, la vie, la mort. Du reste, on ne s'attend pas, nous l'espérons, à ce que nous entrions dans des détails que le peu de temps que nous avons passé en Amérique ne nous a pas permis de suffisamment étudier.

Nous relaterons seulement ce que nous avons vu et ce qui nous a été dit que nous avons pu contrôler.

Ainsi que nous l'avons fait d'autre part, nous prendrons comme type la famille simple, composée du père, de la mère et de deux enfants, garçon et fille.

Lorsqu'il se marie, nous l'avons dit tout à l'heure, l'Américain, s'il n'a pas de fortune, et c'est l'ordinaire, contracte une assurance sur la vie. Cela constitue sa dot, plus vraie, plus sûre pour les siens que le meilleur capital.

Cette habitude est tellement entrée dans les mœurs que la jeune fille acceptant d'épouser un homme non assuré est, paraît-il, une exception.

Mariés, ils organisent leur intérieur comme partout, c'est-à-dire comme ils l'entendent.

En général ils sympathisent de caractère, car les préliminaires de l'union, plus positifs, plus raisonnables — si moins poétiques — que chez nous, leur ont permis de se connaître suffisamment et assez longtemps à l'avance pour n'agir que sciemment.

Si le contraire se produit ou si une circonstance

quelconque, telle que celle citée dans le précédent chapitre : la perte de l'emploi, amène la gêne ou le trouble dans le foyer, on se sépare. Le sentiment ne jouant qu'un rôle secondaire dans l'union, il suffit parfois de peu de chose pour dissoudre l'association.

Il ne faudrait pas conclure de là que l'Américain recourt au divorce aussi aisément qu'on le dit; bornons-nous à retenir que notre classe est celle qui en use le plus.

Mais, pour arriver aux fins de ce chapitre, supposons que notre ménage modèle n'ait point à se servir de cet expédient.

Monsieur travaille toute la journée à son bureau; Madame soigne son ménage, si ses ressources ne lui permettent pas de se faire servir; mais si les appointements du mari sont suffisants, n'ayez crainte, elle ne fait rien.

Viennent les enfants.

Dans les grandes villes on les met dans une crèche, puis ils vont à l'école jusqu'à seize ans.

Arrivés à cet âge, le garçon se met au travail, selon ses goûts parfois, mais, en général, n'importe où; comme aspiration il n'a qu'un désir : gagner de l'argent, et, si la place qu'il occupe ne lui semble pas assez rémunératrice, il changera. La jeune fille entre dans un magasin, dans un bureau ou apprend un état qui demande peu d'efforts physiques.

Puis l'un et l'autre se marient et recommencent, chacun de son côté, pour son propre compte, l'incessante histoire, le combat quotidien, « the struggle for life. »

Rien n'est plus banal que l'existence américaine. Pas d'art, pas de poésie, pas de rêve, nulle illusion : la lutte âpre, sans repos, sans affections, sans pitié, bataille sans merci où l'on fait à peine trève pour jeter en arrière un regard d'adieu et compter ses morts.

Les morts !..... Victimes fatales, non-valeurs, déchets de la grande machine, qu'on emporte en hâte au rebut, sans une larme, sans un regret, — charogne qui tombe au charnier !

Et, à New-York comme à Chicago, vous voyez par les rues des magasins de cercueils comme chez nous des marchands de poubelles — pour les ordures.

CHAPITRE III

LES ASSOCIATIONS AMÉRICAINES D'EMPLOYÉS

Après avoir visité Philadelphie, Pittsburg, Homestead, etc., sans avoir pu recueillir le moindre éclaircissement quant aux associations américaines d'employés, nous arrivions à Chicago avec la conviction que les travaux d'économie politique et sociale qui, selon nous, devaient occuper une large place à l'Exposition, nous dédommageraient amplement de nos insuccès antérieurs lorsque, à notre grand étonnement, l'un des agents du Gouvernement français nous déclara qu'une grande déception nous était réservée, les États-Unis étant les seuls, parmi les autres États, qui n'aient point pris part à cet universel concours des progrès réalisés depuis la dernière Exposition par les œuvres de solidarité, de prévoyance et d'émancipation sociales.

Nous avons beaucoup cherché, mais, soit parce que le temps nous a fait défaut pour tout examiner, soit qu'en effet les États-Unis, obéissant à nous ne savons quel sentiment, n'aient pas voulu livrer à la connaissance des autres peuples les bases sur lesquelles reposent leurs associations philanthropiques et ouvrières, nous n'avons trouvé en l'immense Foire du Monde aucun document propre à nous éclairer.

Si cet insuccès est imputable à notre manque de savoir nous en sommes confus, alléguant pour notre excuse que d'autres personnes de notre connaissance, en quête comme nous de renseignements sur les questions sociales, n'ont pas mieux réussi, et aussi, qu'ayant eu, par la suite, la bonne fortune de rencontrer quelques-uns des chefs des principales associations américaines, les renseignements qui vont suivre n'ont rien à envier pour l'exactitude à ceux que nous aurions puisés dans les travaux que nous n'avons pu — ou su — découvrir dans l'Exposition.

L'histoire du salariat, intimement liée à l'évolution économique dont elle est la conséquence, pourrait être appelée le martyrologe de cette classe séculairement opprimée.

Elle n'est constituée, en effet, que du récit navrant des pertes que, par milliers, les miséreux ont subies dans la lutte opiniâtre, acharnée, homicide, née de l'antagonisme des deux facteurs principaux des civilisations, de ces deux frères-ennemis irréconciliables : le travail et le capital.

Nous voudrions ne nous faire ici l'apôtre d'aucune doctrine, car notre rôle se borne à constater ; pourtant..... !

« L'union fait la force » ; c'est un axiome.

Sans solidarité, sans organisation, sans une discipline intelligente concentrant leurs efforts et les dirigeant vers un but unique, déterminé, les travailleurs ne peuvent espérer faire triompher, quelques justes qu'elles puissent être, leurs revendications.

« Ce que vous voulez avant tout — a écrit Lamen-
« nais — c'est que le grand désordre, cette choquante
« inégalité dans la distribution des biens et des maux,
« des charges et des bénéfices de l'état social, cette
« inique oppression de la classe la plus utile et la plus
« nombreuse disparaisse, et que l'homme de travail ait
« sa juste part dans les avantages de la commune asso-
« ciation.

« Ce que vous voulez, c'est que le pauvre, relevé de
« sa longue déchéance, cesse de traîner avec douleur
« ses chaînes héréditaires, d'être un pur instrument de
« travail, une simple matière exploitable : et en cela
« vous avez mille fois raison.

« Mais comment changerez-vous sous ce rapport
« votre état actuel ?

« *Il faudrait vous entendre, vous concerter, vous*
« *associer, il faudrait agir.....*

« Isolé, que peut chacun de vous?

« A la moindre pensée d'affranchissement que l'on
« vous soupçonne de nourrir, vos oppresseurs s'in-
« quiètent, une police ennemie tend autour de vous
« ses pièges infâmes, surveille vos démarches, en pro-
« voque d'imprudentes, épie vos paroles, les recueille
« pour les envenimer, et, bientôt, par forme de mesure
« préventive, on vous envoie réfléchir au fond d'un
« cachot, entre un morceau de pain noir et une cruche
« d'eau bourbeuse, sur le danger, pour l'esclave mo-

« derne, de troubler le sommeil de ses maîtres » (1).

Vraiment, dirait-on pas ces pages écrites d'hier sous l'impression de la nouvelle loi sur la presse, ou des perquisitions du premier de l'an, ou encore des condamnations qui atteignent l'écrivain assez imprudent pour exprimer par la plume son rêve d'égalité?

Et qu'a-t-on fait depuis que les philosophes et les économistes, les Lamennais et les Fourier ont osé troubler la quiétude des possesseurs, des heureux, des grands, de leur cri de détresse?

. . . . ?

(*) Nous, nous ne voyons rien, mais c'est sans doute que nous ne savons pas voir, puisqu'un économiste contemporain, qui joue de l'ironie avec une grâce et une ingénuité qui n'ont d'égales que la clarté, l'exactitude de ses observations et la richesse de son style, a pu démontrer que tout est aujourd'hui pour le mieux dans le meilleur des mondes.

« Qu'on compare la manière de vivre des travail-
« leurs, il y a seulement trente ans, avec celle qu'ils
« ont maintenant — écrit-il sérieusement — les vête-
« ments, les chaussures, la toilette de la femme, et
« jusqu'aux fantaisies de la table, il n'est personne
« étant de bonne foi, qui ne reconnaisse et constate le

(1) Lamennais, *Du passé et de l'avenir du peuple.*

(*) Pour des raisons qu'il est superflu de fournir ici, car tout le monde les devinera, le passage compris entre les deux astérisques a été supprimé dans l'exemplaire de ce rapport déposé au Ministère du Commerce.

« le progrès. *Le travailleur jouit gratuitement de « tous les progrès* de la civilisation ; et il peut pour « quelques sous, en montant en chemin de fer, se « donner le luxe d'une vitesse que n'aurait pu se « procurer Napoléon au comble de sa puis- « sance !!! » (1).

N'est-ce pas que c'est joli ?

Mais nul ne sera plus étonné d'apprendre que le bonheur consiste à « monter en chemin de fer » lorsqu'il saura que cette définition émane d'un personnage qui s'est acquis une véritable célébrité en effectuant, au compte des contribuables, nombre d'excursions officielles au taux modeste de trois cents francs par jour ; celui-là même dont un humoriste a dit : « *Il inaugurerait son père !* »

Nous pourrions continuer.

Par exemple : « *La machine travaille pour lui* « (l'ouvrier). Pendant qu'il la regarde (!) elle accom- « plit une besogne qui exigerait le travail de vingt et « un hommes... » (*)

Quelle précision !

Et ainsi tout un volume. Mais à quoi bon poursuivre davantage l'exposé d'un tel amphigouri ? Constatons plutôt qu'après une longue période d'inaction, la plus grande branche du salariat, l'*Artisan*, commence à prêter l'oreille aux sages conseils des protagonistes des idées de justice et de liberté, — de

(1) Yves Guyot, *La Tyrannie socialiste*, 1893, page 100.
(*) Voir note page 38.

ceux-là que l'auteur déjà cité qualifie de « *régressistes* » — et qu'il comprend enfin l'absolu, la vérité de leurs théories.

Il a compris la nécessité du groupement et nous assistons à un mouvement ouvrier sans précédent dans l'histoire, tout au moins par sa prudence et sa coordination.

L'éducation bâtarde de l'*Employé*, branche seconde du salariat, cette éducation fausse, produit incestueux d'opinions bourgeoises et de sentiments prolétariens, l'a tenu jusqu'en ces dernières années à l'écart de la fermentation énorme, grandiose, irrésistible, sous la poussée de laquelle croûlera fatalement bientôt notre caduc édifice social; mais, depuis peu, emporté par le courant, troublé dans son apathie par les catastrophes, la misère, dont comme tout salarié il est la proie, l'*Employé* s'émeut et abandonne les doctrines de Pangloss pour celles plus exactes, plus positives, nées des besoins modernes.

Nous en avons la preuve en France où de nombreux syndicats et unions d'employés s'organisent; et même quelques-unes de ces associations donnent déjà les marques les plus satisfaisantes de vitalité.

C'est ainsi qu'à Chicago nous avons parcouru avec le plus vif intérêt les comptes rendus de l'*Association des Comptables de la Seine*, les documents de la *Compagnie Parisienne l'Union* sur la participation aux bénéfices, les statuts du *Cercle Franklin*, du Havre, de la *Société mutuelle de Prévoyance des Employés de Commerce*, également du Havre, du

Syndicat central des Voyageurs et Représentants de Commerce de France et des Colonies, ainsi que les comptes rendus de nombreuses autres sociétés d'épargne, de prévoyance, de coopération, spéciales aux employés, lesquelles nous pardonneront de ne point les citer toutes.

Ces documents nous ont causé un plaisir d'autant plus sensible qu'ils nous ont suffi pour montrer aux Américains que nous n'étions pas en arrière dans la voie des progrès sociaux et de l'émancipation humaine; mais combien plus heureux eussions-nous été si nous avions pu mettre sous leurs yeux l'état et les travaux des *chambres syndicales d'employés* qui, en ces dernières années, ont surgi en France sous la formidable pression d'un besoin absolu d'entente et d'action !

Une autre consolation pour nous, c'est qu'en France l'*Employé aux écritures* et l'*Employé de magasin* ont uni leurs efforts. La main dans la main, ils marchent à la conquête des améliorations qui leur sont dues.

En Amérique, il n'en est pas ainsi.

En effet, soit qu'il juge sa situation satisfaisante, soit qu'approchant tellement le spéculateur, il se trouve comme mêlé lui-même à la spéculation et qu'il dédaigne les avantages trop lents de la solidarité, soit que l'égoïsme ou l'insouciance, là, comme ailleurs, hélas ! annihilent les meilleures volontés, les efforts des philanthropes, il est certain qu'aux États-Unis l'*Employé aux écritures* paraît se désintéresser absolument du mouvement qui anime les autres branches du salariat.

Partout où nous nous sommes arrêté, nous nous sommes enquis s'il existait quelque association d'*Employés aux écritures* : comptables, teneurs de livres, caissiers, etc. Nulle part nous n'en avons trouvé.

A Chicago, le secrétaire de la *Fédération des Employés de Détail* nous a déclaré que maintes tentatives avaient été faites, mais qu'aucune n'avait réussi.

A Providence seulement, nous avons rencontré une société, la *Salesmen's Association*, qui, en dehors des commis de draperies, accepte les employés de bureau. Et, bien que cette société toute locale ait pour but très anodin « de maintenir l'entente existante entre les « marchands et l'association, d'obtenir la réduction « des heures de travail pour ses membres, *autant que « les circonstances le permettront* et d'encourager « leurs mutuelles relations (1) », elle ne compte dans son sein qu'un nombre insignifiant d'*Employés aux écritures*.

Nous ne croyons pas nous tromper en affirmant, après les personnes compétentes qui nous ont fourni ces renseignements, que la semence de l'idée unioniste n'a rencontré dans l'esprit des « book-keepers » américains qu'un terrain aride, pour ne pas dire stérile.

Puisse l'avenir ne pas les punir trop cruellement de

(1) « The object of this Association shall be the preservation « of the existing compact between the dealers and this Association, the curtailment of the hours of labor of its members as « circumstances may warrant or require, and the promotion of « social intercourse between its members. »

leur apathie présente. Puisse surtout l'exemple de leurs confrères du magasin les guérir de cette insouciance en laquelle ils s'endorment et qui les anesthésie.

L'union des *Employés de magasin*, qu'ils appellent les *Employés de détail* (*Retail clerks*), est plus consolante.

La fondation de la première association d'*Employés de détail* remonte à une date qui nous est inconnue. Il est probable cependant que la plus ancienne est celle de Cleveland (Ohio), qui date de 1865.

La Société de Providence (Rhode-Island) citée plus haut, la *Salesmen's Association* est vieille de treize années.

Les employés de confection de New-Orléans sont organisés depuis 1882, ceux d'Indianapolis également.

La réclamation, première raison d'être de ces associations, fut le désir d'arriver à la réduction des heures de travail. Les prolégomènes des différents règlements et statuts que nous nous sommes procurés déplorent uniformement, ainsi que nous l'avons montré dans un précédent chapitre, l'abus qui force les employés à rester au magasin jusqu'à dix et onze heures du soir.

L'amélioration qui paraît les avoir ensuite le plus préoccupés est l'augmentation des salaires, puis, le soulagement à apporter à la condition des femmes et des enfants employés dans les magasins.

Les succès obtenus par les quelques associations locales qui avaient fait leur programme de ces revendications parvinrent à la connaissance des employés non syndiqués des autres villes des États-Unis.

C'est alors que l'idée d'une fédération naquit dans l'esprit des intéressés et qu'il y a *trois ans,* James Morrow, de Saint-Paul (Minnesota), et George M. Eby, de Duluth (Minnesota), agissant au nom de leurs associations respectives, en firent le sujet d'un manifeste invitant toutes les Sociétés à se réunir en Congrès, le 8 décembre 1890, à Détroit (Michigan), afin d'y débattre l'opportunité d'une association générale et de prendre une résolution.

Treize villes répondirent à leur appel.

Après une discussion très approfondie et un discours favorable de Samuel Gompers, président de la Fédération Américaine du Travail, une union permanente fut fondée sous le nom d'*Association Protectrice des Employés de Détail d'Amérique (Retail Clerks' National Protective Association).*

Ensuite le Congrès adopta des statuts et s'ajourna au 13 juillet suivant, à Indianapolis, pour une nouvelle séance.

Chaque année depuis, a lieu dans l'une des villes de la Confédération, un Congrès où sont exposés les progrès accomplis, les réformes obtenues et où l'on décide des mesures à adopter pour arriver à la réalisation de nouvelles améliorations.

Il va sans dire que la Retail Clerks' National Protective Association a adhéré à la grande Fédération Américaine du Travail qui compte aujourd'hui 700,000 membres.

Et, suivant la loi naturelle des groupements, la Fédération en faisant participer l'Union des employés de détail aux avantages d'intérêt général qu'elle acquiert, trouve dans l'appui que lui crée cet apport de nombre une force nouvelle pour peser plus puissamment sur les pouvoirs législatifs.

Au Congrès de fondation, tenu en 1890, les Sociétés adhérentes représentaient 300 membres; en 1891, 3,000 étaient inscrits; en décembre 1892, 69 unions, avec un chiffre de 7 à 8,000 membres, figurent sur la liste des fédérés et, à Chicago, on nous a affirmé que ce nombre serait presque doublé en 1893.

Telle est la situation des associations américaines d'employés. Voilà où en est l'esprit de solidarité chez nos camarades d'outre-mer.

On voit par là qu'ils ne nous ont devancés que de trois années puisque, nous aussi, nous avons fondé, dans un Congrès tenu à Paris les 15 et 16 juillet 1893, une fédération, depuis fort longtemps projetée, sous le nom de *Fédération Nationale des Employés.*

Encore au berceau, notre fédération compte, à l'heure actuelle, nous ne savons combien de membres, mais nous avons la conviction que la sagesse, l'expérience et le dévouement de ceux qui la dirigent lui assurent le plus brillant avenir.

Notre caractère, nos opinions personnelles voudraient que nous ne nous inquiétions nullement en quel lieu naît le progrès.

D'où qu'il émane, nous devons le saluer, l'acclamer. Mais nous avouons que, malgré tout, il nous est agréable de constater que les Français, s'ils n'ont pas les premiers réalisé l'idée de fédération des employés, l'ont conçue avant leurs frères d'Amérique et que, maintenant qu'eux aussi l'ont accomplie, ils travaillent avec un programme d'améliorations, de réformes, plus altruiste que celui des employés yankees.

La Confédération américaine peut être la plus grande république du monde, la France restera la première par la générosité et l'intelligence de ses fils. Éternellement elle conservera et méritera la réputation d'être, par excellence, la terre des nobles aspirations.

Et, bien qu'internationaliste, nous ne croyons pas encourir l'épithète d'apostat parce que nous nous félicitons d'appartenir à la fière race qui depuis tant de siècles tient le flambeau de la civilisation et toujours marchera, folle de rêves, jalouse des immarcescibles gloires, à l'avant-garde de l'Humanité.

CHAPITRE IV

L'EMPLOYÉ FRANÇAIS AUX ÉTATS-UNIS

Si nous avons atteint le but que nous nous étions proposé, on a dû conclure qu'à tout prendre, considérée au seul point de vue matériel, prosaïque, de l'existence, la situation de l'*Employé* aux États-Unis est supérieure à celle qui est sienne en France.

Rémunération plus forte, — durée moindre de travail, — rapports entre patron et employé plus agréables, — tels sont, à grands traits, ses avantages principaux.

Si donc on allait en Amérique avec des idées d'ordre, d'économie, et que, de plus, on pût compter sur le secours qu'apporte le travail de la femme dans un ménage français, on devrait y gagner vite l'aisance, sinon la fortune, et l'on pourrait ensuite revenir jouir au pays natal du bien-être acquis.

Nous sommes convaincu que c'est là l'impression née le plus communément dans l'esprit de ceux qui ont lu des ouvrages sur l'Amérique. Nous croyons aussi que ces œuvres sont pour beaucoup responsables des déceptions, de la misère dont reviennent meurtris, découragés, la plupart de ceux qui sont allés tenter fortune au Nouveau-Monde.

Chez soi on se sent malheureux. Et c'est si attrayant, si suggestif, la légende des oncles à héritage ou le récit des fantastiques découvertes des chercheurs d'or !

Pour ceux-là qui en ont fait la dure expérience il n'y a qu'à les laisser dévorer en paix leurs cuisants regrets, mais, aux autres, à ceux qui, écœurés par les insuccès, les déboires de chaque jour, sont prêts à jeter le manche après la cognée, prêts à mordre à l'appât de situations brillantes, vacantes — justement pour eux ! — de l'autre côté de l'Atlantique ; mirage d'autant plus trompeur qu'il apparait plus éloigné, laissez-nous crier : gare !

Chacun se trompe ici-bas.
On voit courir après l'ombre
Tant de fous, qu'on n'en sait pas
La plupart du temps le nombre.

D'abord, personne n'est sûr à l'avance d'occuper une situation, un emploi quelconque aux États-Unis, *lors même qu'on posséderait un engagement signé.* Car c'est encore une chose qu'on ne sait pas assez chez nous, qu'il est une loi fédérale qui interdit à l'Amécain l'embauchage à l'étranger. Donc, tout contrat passé en France entre un ouvrier ou un employé français et un citoyen de la libre (!) Amérique n'a aucune valeur légale. Mieux que cela l'ouvrier ou l'employé qui se prévaudrait d'un contrat pareil, soit à bord du navire soit à l'arrivée au dock serait empêché de débarquer et renvoyé dans son pays par le même navire sans aucune indemnité.

Si déjà, avec un engagement écrit l'employé français est aussi incertain de la réussite, que sera-ce pour celui qui part à l'aventure ?

Partout où nous avons demandé si l'on employait des Français la réponse a été négative.

La raison qui nous a été le plus souvent fournie pour expliquer cette sorte d'exclusion de nos compatriotes des bureaux américains, c'est la difficulté — certaine, quoi qu'on dise — que nous éprouvons à nous assimiler le génie des langues étrangères. Puis, notre tempérament insuffisamment terre-à-terre pour comprendre et pratiquer les affaires « à l'américaine ».

La première condition à remplir pour un Français qui veut quand même aller goûter de la vie de bureau aux États-Unis sera dont d'étudier à fond la langue anglaise, puis, à cause des nécessités qu'engendrent les relations commerciales et l'hétérogénéité de la population, principalement dans les grandes villes comme New-York et Chicago, il lui sera indispensable d'apprendre l'allemand, l'italien, voire le chinois ; son idiome maternel, l'admirable langue des Bossuet, des Voltaire et des Hugo, est celui qui lui servira le moins !

Ensuite il lui faudra posséder au suprême degré cette qualité que seule peut rendre l'expression populaire « être débrouillard », se faire à tout, ne s'étonner de rien, et laisser sur le pont du paquebot ce mélange de rire et de rêve, de moquerie et de pitié, de scepticisme et de poésie qui forme le fond de notre caractère national.

Là-bas, ni gaieté ni illusions. La vie dans ce qu'elle a de plus mesquin, de plus bas, de plus vil : la lutte pour l'argent.

Et, lorsqu'il saura toutes les langues, lorsqu'il aura dépouillé sa belle humeur gauloise pour le flegme yankee, il ne sera pas encore sûr du succès !

Car, s'il n'y a pas aux États-Unis l'excès d'employés qui existe en France, cela ne signifie pas qu'on en manque; il s'en faut.

D'un autre côté, les maisons d'origine ou d'administration françaises sont rares. Notre compatriote sera donc vraisemblablement obligé de frapper aux portes purement américaines.

Le résultat, nous allons le dire.

Ou la maison est bien assise et cotée, par conséquent courue, et alors la préférence est toute indiquée : l'aborigène, en premier; l'Anglais, le Germain, ensuite; et le Français bon dernier, — ce qui est très rassurant lorsqu'il n'y a qu'une vacance à combler !

Ou c'est une maison, une banque, une compagnie, à l'existence hasardeuse, éphémère, comme il s'en monte aux États-Unis plus qu'en aucun autre pays : tôt élevée, aussi vite croûlée. Alors le Français a plus de chances d'être accepté..... puisque n'en veulent que les affamés ! — C'est le pain pour quelques mois et, pour la suite, le chômage, la misère, avec, en perspective, l'impossibilité du retour.

Et qu'on ne croie pas qu'à plaisir nous assombrissions le tableau; c'est la vérité, telle que nous l'avons constatée.

Oui, nous avons rencontré à New-York des Français sans place, sans ressources; les uns arrivés depuis quelques semaines, les autres depuis des années, et nous ne saurions l'oublier, car trop douloureux nous en est resté le souvenir.

Ceux-là, les derniers venus, sont en quête, toujours, mais comme ils ont abaissé leurs primitives prétentions! Ce qu'ils demandent? La faveur d'un emploi quelconque, d'une besogne, si infime qu'elle soit : valet d'écurie, laveur de vaisselle — nous en avons vu! — il n'importe, pourvu qu'ils puissent manger. Et ne leur parlez pas de rapatrier car ils n'osent y songer, trop fiers encore pour avouer, à la rentrée, leur erreur, après les bravades du départ. — Fatal respect humain!

Les autres, les anciens, ont goûté de la vie américaine. Plus ou moins ils en ont savouré les illusions et bu les déceptions. Maintenant c'est fini d'espérer! Et, bien qu'ils soient prêts à tout, eux non plus ne parlent pas de retour, liés, rivés qu'ils sont au sol américain, ou par un mariage, ou par des engagements, ou par des dettes contractées, ou par cent autres raisons dont l'une des plus ordinaires est l'effroi qu'éprouve tout « penniless » à la pensée qu'il lui faudrait imposer aux siens, à la femme, aux petits, ce martyre d'une semaine qu'est la traversée de l'Atlantique en la géhenne qu'on nomme « les troisièmes classes. »

CONCLUSION

Tel est le résultat de notre étude.

Nous avons tâché, sans enthousiasme comme sans parti pris, à faire ressortir les avantages et les inconvénients que présente, à l'heure actuelle, la condition de l'*Employé* aux États-Unis.

Par plusieurs côtés sa situation est meilleure que la nôtre, mais ce n'est pas à lui seul qu'il le doit; c'est ce qu'il faut retenir.

L'Américain n'a pas à lutter comme nous contre le préjugé, la tradition, contre tout un passé.

Il examine ce que font les autres et emploie ce qu'il juge bon à accroître son bien-être.

En réalité, il n'est qu'un copiste, un plagiaire; c'est d'Orient que lui vient la lumière.

Et c'est bien parce que, dans le domaine social comme dans le domaine scientifique, il utilise immédiatement et en grand, souvent avant nous, nos découvertes, sans tâtonnements, sans hésitations, en joueur risque-tout, que nous lui décernons le brevet de progressiste par excellence.

Certes, le voyage que nous avons effectué a été pour

nous du plus grand intérêt et des plus attrayants, mais il nous faut avouer que nous n'avons été frappé par l'application d'aucune idée nouvelle, par rien que, théoriquement au moins, en France, tous nous ne connaissions.

Ce que nous avons rapporté, c'est une admiration plus grande pour notre race, une foi plus absolue en le rôle prépondérant qui lui appartient dans le concert des peuples.

Et notre conclusion, la voici :

Les Américains sont nos élèves.

Nous n'avons rien à leur envier, rien à copier. Ils nous doivent leur indépendance et c'est de nous encore qu'ils attendent l'indication des futurs progrès.

Restons donc nous-mêmes ; conservons notre éthique.

Continuons à étudier, à travailler, à concevoir, — à enseigner.

Et, plus que jamais, consacrons tout l'effort de notre volonté, le fruit de notre expérience, la clarté de nos lumières, à guider la marche de la civilisation dans la voie des améliorations successives, jusqu'à l'ère bénie, à l'aurore entrevue, où les hommes, enfin vraiment frères, jouiront en la paix universelle de l'universel bonheur.

FAUCONNET.

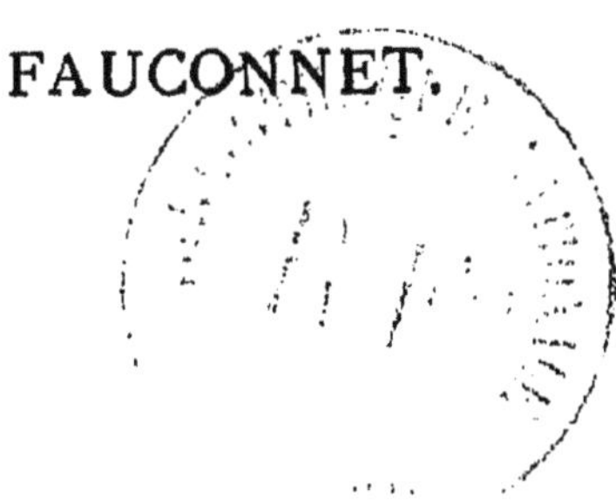

TABLE DES MATIÈRES

www.ingramcontent.com/pod-product-compliance
Ingram Content Group UK Ltd.
Pitfield, Milton Keynes, MK11 3LW, UK
UKHW022140190726
13855UKWH00003B/1265